CATALOGUE

d'Aquarelles & Dessins

PAR

ZIER, GIACOMELLI, ADRIEN MOREAU

ET

d'une Suite importante de 65 Aquarelles

PAR

AUGUSTE DELIERRE

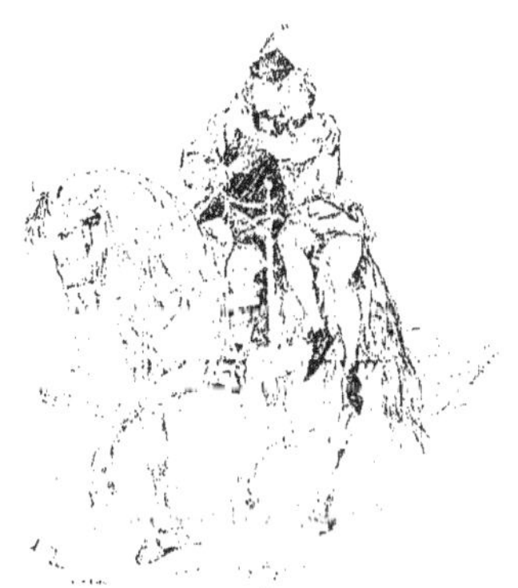

EXPOSITION

DIMANCHE 20 NOVEMBRE 1892

DE 2 HEURES A 5 HEURES 1/2

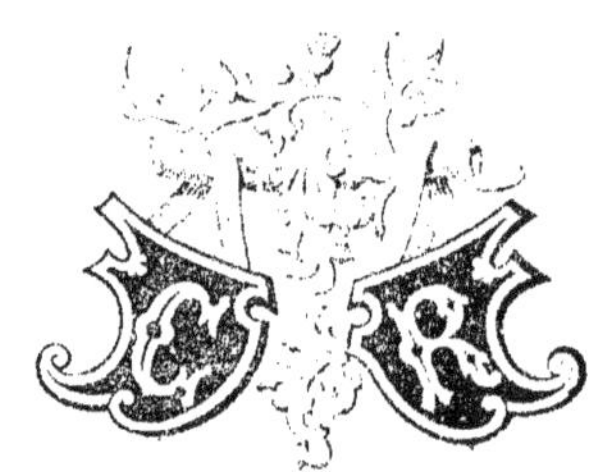

Aquarelles & Dessins

CONDITIONS DE LA VENTE

Elle sera faite au comptant.

Les acquéreurs paieront cinq pour cent en sus des enchères.

L'acquisition des Dessins et Aquarelles faisant l'objet de la présente vente ne confère pas à l'acheteur les droits de reproduction qui restent réservés.

CATALOGUE

DE

Soixante-cinq Aquarelles

PAR

AUGUSTE DELIERRE

Compositions exécutées pour les *Fables de La Fontaine*

de Dessins

PAR

ÉDOUARD ZIER

AYANT SERVI A ILLUSTRER L'OUVRAGE

Les Amours d'Hélain Pisan et d'Yseult de Savoisy

ET

DESSINS PAR GIACOMELLI ET ADRIEN MOREAU

DONT LA VENTE AUX ENCHERES PUBLIQUES

AURA LIEU

HOTEL DROUOT. SALLE N° 3

Le Lundi 21 Novembre 1892, à 2 heures 1/2 précises

<table>
<tr><td>COMMISSAIRE-PRISEUR :</td><td>EXPERT :</td></tr>
<tr><td>Mᵉ LÉON TUAL</td><td>M. DETRIMONT</td></tr>
<tr><td>56, Rue de la Victoire, 56</td><td>35, Avenue de l'Opéra, 35</td></tr>
</table>

EXPOSITION

DIMANCHE 20 NOVEMBRE 1892

DE 2 HEURES A 5 HEURES 1/2

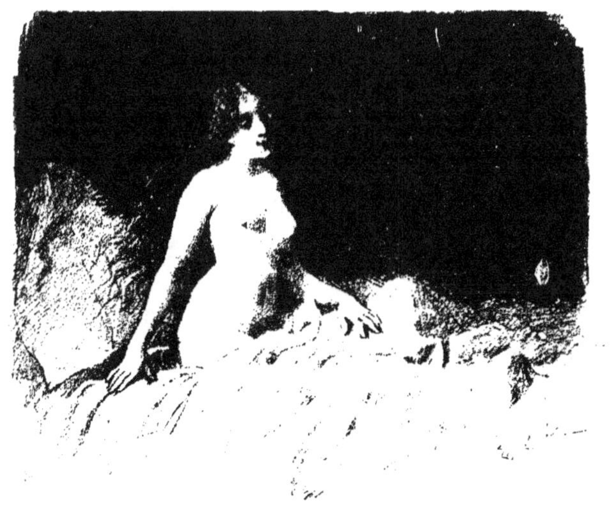

Dessins

Par ÉDOUARD ZIER

*AYANT SERVI A L'OUVRAGE LES AMOURS D'HÉLAIN PISAN
ET D'ISEULT DE SAVOISY*

1.   **Alors commença** une poursuite diabolique…

2.   **Hélain Pisan** écarta sans bruit et tout en grand les
     rideaux de la fenêtre.

3.   **Iseult** avait reconnu son époux.

4.   **Il s'efforçait** de la découvrir.

5. **Je n'ai à cœur** que de vous donner quelque agré-
ment par le récit des subtiles amours du bel Hélain
avec la gentille Iseult.

6. **Elle** se mit à rabattre cette robe.

7. **Une troupe** de plus de trente hommes qui allait sans
bruit.

8. **Nevers** bondissant la rejoignit et la renversa.

9. **Afin** de verrouiller sur lui la serrure...

10. **Hélain Pisan,** suivi de son écuyer, franchissait une
des portes de Paris.

11. **La jeune comtesse Iseult de Savoisy** avait été
reçue en grande pompe par le Roi.

12. **Dame,** dit-il en s'inclinant...

13. **Il l'enleva** dans ses bras robustes et la porta dans la
maison.

14. **La comtesse de Savoisy.**

15. **Hélain** s'était assis au bord du lit, enlaçant dans ses
bras le corps nu de la merveilleuse.

16. **Jean de Nevers** partit.

17. **Un flot de sang,** inondant son cœur, l'avait fait
chanceler.

18. **Hélain Pisan.**

19. **Le prince** avait pris son amie en croupe.

20. **Ils échangèrent** mille souvenirs du passé.

21. **Iseult,** tandis que la fille riait aux larmes, éclatait elle-même de rire.

22. **Ce dernier,** en la douzième heure de la nuit, n'était pas encore arrivé, retard dont il était beaucoup parlé.

23. **La soubrette** avait fait l'ouverture des draps.

24. **Elle** se renfonça au plus profond de la ruelle du lit.

25. **Hélain** sortit.

26. **Hélain** faisant ses adieux à Iseult.

27. **Ah !** ma chère, comment peux-tu plaisanter avec un tel sans cœur ?

28. **En sa course** toujours plus rapide il bondissait ainsi qu'un daim.

29. **Allez !...** Sortez !... C'est l'heure.

30. **Elle** serra le bras d'Hélain d'une main tremblante.

31. **Ils finirent** par quitter la place.

32. **Il prit** le vin et la viande qu'elle avait apportés et se laissa enfermer.

33. Il se reprit à l'étreindre encore.

34. Puis la voix d'un hérault, plus aiguë qu'une pointe d'épée, dit...

35. Les plus rapprochés du bateau sautèrent dedans.

36. Iseult, triste et désespérée, ne se retenait qu'à grand'-peine de verser des larmes.

37. Hélain, à genoux devant elle, lui tenait mille propos amoureux.

38. Iseult s'était enfuie en fermant la porte derrière elle.

39. Elle ne pouvait que s'efforcer de retenir ses sanglots.

40. Demoiselle Iseult rentra au logis.

41. L'hôtel du comte de Valois retentissait des bruits d'une grande fête qu'il donnait.

42. Une pâleur affreuse se répandit sur l'horrible visage de Nevers.

43. La jolie petite île avait mille réduits délicieux où ils pouvaient s'oublier dans l'ivresse de leur amour.

44. Il reçut sa belle maîtresse toute palpitante dans ses bras.

45. Ils étaient restés attachés à côté de la porte.

46. Le bateau était entré dans le courant, qu'il remontait lentement.

47. **Il avait brûlé,** dans une coquille de noix, un charbon vert.

48. **Elle se retranchait** tremblante sur un des côtés de sa fenêtre.

49. **Composition inédite** pour illustrer le chapitre II du livre I.

50. **Composition inédite** pour illustrer le chapitre III du livre II.

51. **Iseult** se mettant au lit.

52. **La servante** put se mettre à retirer les souliers.

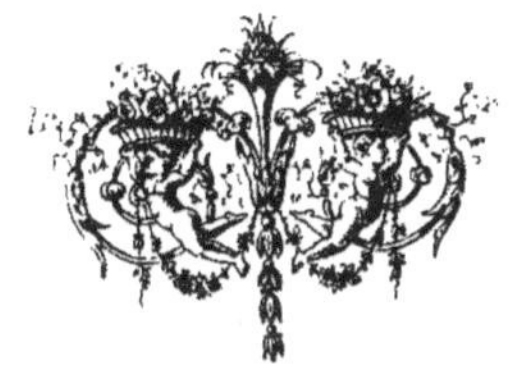

Aquarelles

De DELIERRE

POUR ILLUSTRER LES *FABLES DE LA FONTAINE*
(*Édition Quantin*)

54. Château de Vaux.

55. La Cigale et la Fourmi (*inédite*).

56. La Goutte et l'Araignée (*inédite*).

57. Le Loup et la Cigogne (*inédite*).

58. Le Renard et les Raisins.

59. Le Coq et la Perle.

60. Le Chêne et le Roseau (*inédite*).

61. Le Loup et le Chien.

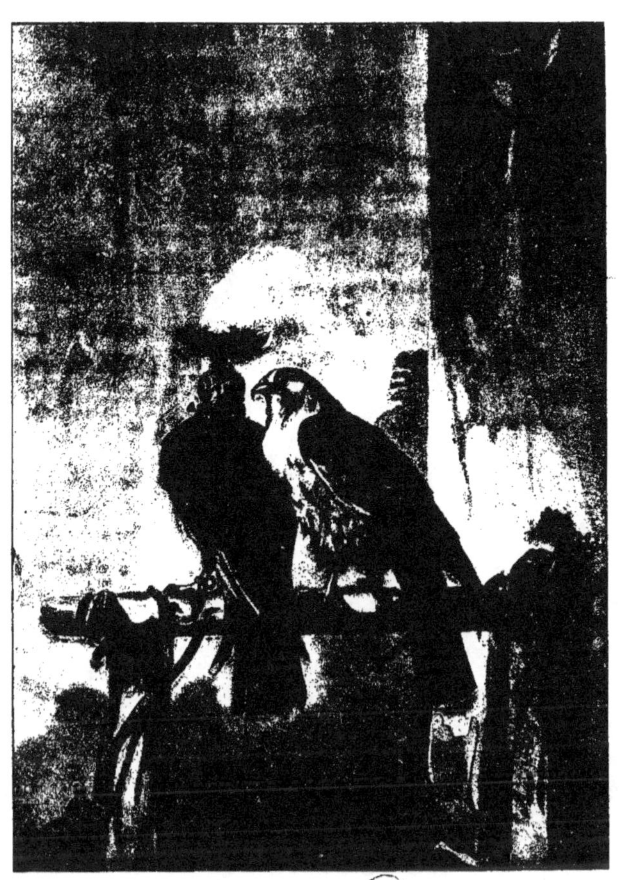

LE FAUCON ET LE CHAPON

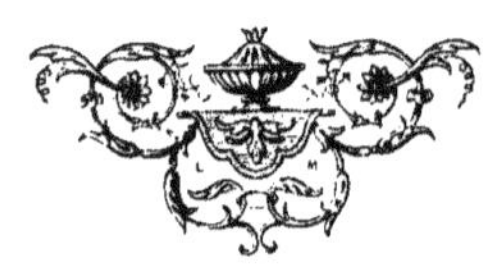

Dessins

Par **ADRIEN MOREAU**

AYANT SERVI A ILLUSTRER L'OUVRAGE
LES BEAUX MESSIEURS DE BOIS-DORÉ

119. La lettre était courte et désolée.

120. La clarté devint assez vive pour lui permettre de voir le fond d'une salle du rez-de-chaussée.

121. Il se dégagea des mains du marquis et saisit la garde de son épée.

GIACOMELLI

122. Oh! les charmants oiseaux joyeux!

Paris — Typ. Chamerot et Renouard, 19, rue des Saints-Pères — 29365